Histórias para Aquecer o Coração

Edição de bolso

Jack Canfield
Mark Victor Hansen

Histórias para Aquecer o Coração

Edição de bolso

SEXTANTE

Título da edição original em inglês: *A 3rd serving of chicken soup for the soul*

tradução
Marilena Moraes
preparo de originais
Tomás da Veiga Pereira
revisão
Antonio dos Prazeres
Clara Diament
Sérgio Bellinello Soares
capa
Victor Burton
projeto gráfico e diagramação
Valéria Facchini de Mendonça
fotolitos
R R Donnelley América Latina
impressão e acabamento
Yangraf Gráfica e Editora Ltda.

CIP-BRASIL. CATALOGAÇÃO-NA-FONTE
SINDICATO NACIONAL DOS EDITORES DE LIVROS, RJ

H58 Histórias para aquecer o coração
/[compiladores] Jack Canfield, Mark Victor Hansen ; [tradução de Marilena Moraes]. – Ed. de bolso. – Rio de Janeiro : Sextante, 2003.

Tradução de: A 3rd serving of chicken soup for the soul
ISBN 85-7542-097-6

1. Conduta.
I. Canfield, Jack, 1944 -. II. Hansen, Mark Victor.

03-2062. CDD 158.1
CDU 159.94

Editora Sextante (GMT Editores Ltda.)
Rua Voluntários da Pátria, 45 – Gr. 1.404 – Botafogo
22270-000 – Rio de Janeiro – RJ
Tel.: (21) 2286-9944 – Fax: (21) 2286-9244
Central de Atendimento: 0800-22-6306
E-mail: atendimento@esextante.com.br
www.sextante.com.br

Sumário

Introdução

Sem histórias não somos nada.
BRYCE COURTNEY

Estamos lhes oferecendo, de todo o coração e com a maior alegria, esta edição especial da série Histórias para Aquecer o Coração. Este livro reúne quarenta histórias que vão inspirar e motivar vocês, leitores, a amar e viver com maior paixão e a perseguir seus sonhos com coragem e convicção.

Elas nos levam a readquirir a crença no potencial de bondade, solidariedade e generosidade do ser humano, a redescobrir o valor e o encanto de gestos de delicadeza e sensibilidade. Elas nos falam do extraordinário poder de superação que tem a vida, da força com que ela nos impele para enfrentar desafios e ultrapassar dificuldades.

Tudo isso faz desses livros verdadeiros bálsamos que consolam, alegram, comovem, reacendem a esperança e estimulam o desejo de empenhar-se para amar e viver mais plenamente.

São histórias que fazem bem à alma e aquecem o coração.

Como ler este livro

Este livro pode ser lido de uma vez – muitos fizeram isso e se beneficiaram com a leitura. Mas nós gostaríamos de lhes sugerir que o lessem devagar, saboreando cada história como se estivessem degustando um vinho da melhor qualidade – em pequenos goles, para dar-lhes tempo de deixar-se impregnar e refletir sobre os significados e as implicações para sua vida de cada uma das histórias. Fazendo assim, vocês irão descobrir que cada história alimenta seu coração, sua mente e sua alma de um modo diferente.

Tudo isso faz deste livro um verdadeiro bálsamo que consola, alegra, comove, reacende a esperança e estimula o desejo de empenhar-se para amar e viver mais plenamente.

Compartilhe as histórias com os outros

Quando uma das histórias deste livro os tocar mais profundamente, fechem os olhos e pensem: "Quem precisa ouvir essa história agora?" Alguém que lhes importa pode vir à mente. Procurem então essa pessoa e compartilhem a história, dizendo que ela os levou a pensar nela. Fazendo isso, a história passará a adquirir um sentido ainda mais profundo para você.

Depois de compartilharem uma história, conversem com o outro para saber como ela os tocou e digam o que os levou a querer dividi-la com essa pessoa específica. Mais importante ainda, façam com que a história do livro seja o ponto de partida para compartilharem suas próprias histórias.

Todo esse processo pode ser extremamente transformador. Histórias são poderosos instrumentos que liberam nossas energias capazes de curar, integrar, expressar e fazer crescer. É um processo inconsciente, mas eficaz.

Centenas de leitores afirmaram que os livros da série *Histórias para Aquecer o Coração* abriram um fluxo de emoções reprimidas e facilitaram o diálogo e a troca na família e entre amigos.

Finalmente, gostaríamos muito de ouvir suas reações às histórias. Digam-nos de que forma elas os tocaram. Queremos convidá-los também a compartilhar conosco suas próprias histórias, para fazermos juntos uma corrente de energia capaz de transformar a vida das pessoas e o mundo.

Por favor, mandem-nos qualquer história, poema ou texto que vocês achem que poderiam ser incluídos em futuros volumes da série *Histórias para Aquecer o Coração.*

Entrem em contato conosco comunicando-se com a Editora Sextante, por carta, fax, e-mail ou através de nosso site.

Aguardamos com alegria aquilo que você quiser nos enviar. Até lá, desejamos que este livro lhe tenha dado o mesmo prazer que tivemos em publicá-lo.

Jack Canfield e Mark Victor Hansen

Uma história é capaz de iluminar nossa relação com os outros, de fortalecer nossa compaixão, de transformar o olhar com que contemplamos os nossos semelhantes, confirmando a crença de que "estamos todos juntos na tarefa de viver".

Uma história leva-nos a descobrir uma verdade nova, a dar-nos uma nova perspectiva, a ver o mundo de maneira renovada.

Ruth Stotter

Com pressa

O trabalho vai esperar enquanto você mostra às crianças o arco-íris, mas o arco-íris não espera enquanto você está trabalhando.

PATRICIA CLIFFORD

Eu estava com pressa.

Passei correndo pela sala de jantar usando meu melhor vestido, concentrada em me preparar para um encontro de negócios noturno. Gillian, minha filha de quatro anos, estava dançando ao som de sua música favorita, *Cool,* do filme *Amor, Sublime Amor.*

Eu estava com pressa, à beira de chegar atrasada. No entanto, uma vozinha dentro de mim disse: "Pare."

Então parei. Olhei para ela. Aproximei-me, peguei sua mão e a rodopiei. Minha filha de sete anos, Caitlin, entrou em nossa órbita e eu também a peguei. Nós três dançamos alucinadamente pela sala de jantar até chegarmos à sala de estar. Ríamos. Rodopiávamos. Será que os vizinhos podiam ver a loucura pelas janelas? Não tinha importância. A música chegou ao fim com um floreio dramático e nossa dança terminou com ela. Dei um tapinha em seus traseiros e mandei que fossem tomar banho.

Elas subiram as escadas, sem fôlego, seus risinhos ecoando pelas paredes. Voltei aos meus afazeres. Estava dobrada para a frente, enfiando papéis em uma pasta, quando ouvi a mais nova falar para a irmã:

– Caitlin, você não acha que a mamãe é a mais melhor de todas?

Congelei. Eu quase correra pela vida, perdendo aquele momento. Meu pensamento foi para os prêmios e os diplomas que cobriam as paredes do meu escritório. Nenhum prêmio, nenhuma realização que eu jamais alcançara, poderia se comparar a isso: "Você não acha que a mamãe é a mais melhor?"

Minha filha disse isso quando tinha quatro anos. Não espero que ela o diga com quatorze. Mas, aos quarenta, se ela se inclinar por cima daquela caixa de pinho para dizer adeus para o recipiente descartado da minha alma, quero que o diga.

"Mamãe não é a mais melhor?"

Não combina com meu currículo. Mas quero isso gravado na minha lápide.

GINA BARRETT SCHLESINGER

Atos gratuitos de amor

Praticar atos gratuitos de amor – que tal?

Disse a meu marido que o amo. Não custou nada.

Pus um bilhete na lancheira do meu filho dizendo como ele é especial. Não custou nada.

Abri a porta da loja para uma senhora em cadeira de rodas. Não custou nada.

Deixei uma lata de biscoitos de presente para o carteiro. Não custou nada.

Dei minha vez na fila do supermercado. Não custou nada.

Telefonei para meu irmão dizendo que estava com saudades. Ele também estava!

Pedi desculpas a um amigo com quem tinha

sido agressiva. Custou um pouco, mas deu muita alegria.

Enviei uma carta para o prefeito elogiando sua administração. Não custou nada.

Levei flores e chocolates para uma tia velha. Não custou nada.

Dei passagem para um carro no cruzamento e sorri para o motorista. Não custou nada e ele sorriu de volta.

Comprei um presentinho para minha filha. Era uma coisa de nada, mas ela ficou feliz.

Agradeci ao rapaz que embalou minhas compras. Ele ficou satisfeito.

Dei um dia de folga ao meu assistente, mas lhe paguei. Custou só um pouquinho, mas nós dois ficamos contentes.

Convidei uma amiga para um passeio e um cinema. Nós nos divertimos.

Fiz uma massagem relaxante. Me senti maravilhosa.

Atos gratuitos de amor – como me fizeram bem!

SANDY EZRINE

Dance comigo

Quando somos jovens e sonhamos com amor e prazer, pensamos talvez em noites enluaradas em Veneza ou em passeios numa praia ao pôr-do-sol. Ninguém nos diz que os melhores momentos da vida são efêmeros, não planejados, e quase sempre nos pegam de surpresa.

Não faz muito tempo, eu estava lendo uma história para Annie, minha filha de sete anos, quando percebi seu olhar fixo em mim. Tinha uma expressão longínqua, parecia meio hipnotizada, como se não desse importância à história que ouvia.

Perguntei o que estava pensando.

– Mamãe – ela murmurou. – Não consigo parar de olhar para você. Você é tão bonita.

Quase derreti de emoção. Ela mal sabia que suas palavras sinceras e amorosas me dariam grande apoio ao longo dos anos seguintes.

Pouco tempo depois, levei Sam, meu filho de quatro anos, a uma elegante loja de departamentos, onde a melodia de uma canção de amor nos levou até um pianista.

Sam e eu nos sentamos perto dele e o menino parecia petrificado pela melodia. De repente, Sam se levantou, veio para a minha frente, tomou meu rosto em suas mãozinhas e disse:

– Mamãe, dance comigo.

Se essas mulheres que circulam nos ambientes mais luxuosos e românticos soubessem a alegria que esse convite feito por um menino de rosto redondo e dentes de leite me proporcionou! Embora as vendedoras estivessem rindo de nós e nos apontando enquanto deslizávamos e rodopiávamos, eu não trocaria minha dança com este jovem charmoso e irresistível nem mesmo pelo universo inteiro.

JEAN HARPER

Sorriso

Ele sorriu para um desconhecido triste.

O sorriso pareceu fazê-lo se sentir melhor.

Ele se lembrou de gentilezas feitas por um amigo no passado e escreveu-lhe uma carta de agradecimento.

O amigo ficou tão contente com o agradecimento que deixou uma grande gorjeta depois do almoço.

A garçonete, surpresa com o tamanho da gorjeta, apostou a quantia toda na loteria.

No dia seguinte, recolheu seus ganhos e deu parte deles para um homem na rua.

O homem ficou agradecido, pois havia dois dias que não comia.

Depois de terminar seu jantar, dirigiu-se a seu quartinho sujo. (Naquele momento ele não sabia que corria perigo de vida.)

No caminho, recolheu um cachorrinho que tremia e levou-o para se aquecer em casa.

O cachorrinho ficou muito agradecido por estar ao abrigo da tempestade.

Naquela noite a casa pegou fogo.

O cachorrinho deu o alarme, latiu até acordar a casa inteira e salvou todo mundo.

Um dos meninos que escapou do incêndio virou um bom presidente quando cresceu.

Tudo isso por causa de um simples sorriso.

BARBARA HAUCK, 13 ANOS

Aprendendo a dizer não

Quando Angela tinha apenas dois ou três anos, seus pais a ensinaram a nunca dizer NÃO. Ela devia concordar com tudo o que eles falassem, pois, do contrário, era uma palmada e cama.

Assim, Angela tornou-se uma criança dócil, obediente, que nunca se zangava. Repartia suas coisas com os outros, era responsável, não brigava, obedecia a todas as regras, e para ela os pais estavam sempre certos.

A maioria dos professores valorizava muito essas qualidades, porém os mais sensíveis se perguntavam como Angela se sentia por dentro.

Angela cresceu cercada de amigos que gostavam dela por causa de sua meiguice e de sua extrema boa vontade: mesmo que tivesse algum problema, ela nunca se recusava a ajudar os outros.

Aos trinta e três anos, Angela estava casada com um advogado e vivia com sua família numa casa confortável. Tinha dois lindos filhos e, quando alguém lhe perguntava como se sentia, ela sempre respondia: "Está tudo bem."

Mas, numa noite de inverno, perto do Natal, Angela não conseguiu pegar no sono, a cabeça tomada por terríveis pensamentos. De repente, sem saber o motivo, ela se surpreendeu desejando com tal intensidade que sua vida acabasse, que chegou a pedir a Deus que a levasse.

Então ela ouviu, vinda do fundo do seu coração, uma voz serena que, baixinho, disse apenas uma palavra: NÃO.

Naquele momento, Angela soube exatamente o que devia fazer. E eis o que ela passou a dizer àqueles a quem mais amava:

Não, não quero
Não, não concordo
Não, faça você
Não, isso não serve para mim
Não, eu quero outra coisa

Não, isso doeu muito
Não, estou cansada
Não, estou ocupada
Não, prefiro outra coisa.

Sua família sofreu um impacto, seus amigos reagiram com surpresa. Angela era outra pessoa, notava-se isso nos seus olhos, na sua postura, na forma serena mas afirmativa com que passou a expressar o seu desejo.

Levou tempo para que Angela incorporasse o direito de dizer NÃO à sua vida. Mas a mudança que se operou nela contagiou sua família e seus amigos. O marido, a princípio chocado, foi descobrindo na sua mulher uma pessoa interessante, original, e não uma mera extensão dele mesmo. Os filhos passaram a aprender com a mãe o direito ao próprio desejo. E os amigos que de fato amavam Angela, embora muitas vezes desconcertados, se alegraram com a transformação.

À medida que Angela foi se tornando mais capaz de dizer NÃO, as mudanças se ampliaram. Agora ela tem muito mais consciência de si mesma, dos seus sentimentos, talentos, necessidades e objetivos. Trabalha, administra seu próprio dinheiro, e nas eleições escolhe seus candidatos.

Muitas vezes ela fala com seus filhos: "Cada pessoa é diferente das outras, e é bom a gente descobrir como cada um é. O importante é dizer o que você quer e ouvir o desejo do outro, dizer a sua opinião e ouvir o que o outro acha. Só assim podemos aprender e crescer. Só assim podemos ser felizes."

Barbara K. Basset

Boas maneiras

A cansada ex-professora se aproximou do balcão do supermercado. Sua perna esquerda doía e ela esperava ter tomado todos os comprimidos do dia: para pressão alta, tonteira e um grande número de outras enfermidades.

"Graças a Deus eu me aposentei há vários anos", ela pensou. "Não tenho energia para ensinar hoje em dia."

Imediatamente antes de se formar a fila para o balcão, ela viu um rapaz com quatro crianças e uma esposa, ou namorada, grávida. A professora não pôde deixar de notar a tatuagem em seu pescoço.

"Ele esteve preso", pensou.

Continuou a observá-lo. Sua camiseta branca, cabelo raspado e calças largas levaram-na a conjecturar:

"Ele é membro de uma gangue."

A professora tentou deixar o homem passar na sua frente.

– Você pode ir primeiro – ofereceu.

– Não, a senhora primeiro – ele insistiu.

– Não, você está com mais gente – disse a professora.

– Devemos respeitar os mais velhos – defendeu-se o homem.

E, com isto, fez um gesto largo indicando o caminho para a mulher.

Um breve sorriso adejou em seus lábios enquanto ela mancou na frente dele. A professora que existia dentro dela não pôde desperdiçar o momento e, virando-se para ele, perguntou:

– Quem lhe ensinou boas maneiras?

– A senhora, Sra. Simpson, na terceira série.

PAUL KARRER

As coisas que desejo a você

Não se pode ensinar as crianças a cuidarem de si mesmas sem que as deixemos tentar. Elas cometerão erros e desses erros virá a sabedoria.

H.W. BEECHER

Tentamos de todas as maneiras facilitar as coisas para nossos filhos e isso acaba piorando as coisas.

Com os meus netos, vou fazer diferente.

Gostaria realmente que aprendessem a aproveitar as roupas do irmão mais velho, a apreciar sorvete caseiro e bolo de carne feito com as sobras do almoço. Gostaria mesmo.

Meu neto querido, espero que aprenda a ser humilde ao descobrir seus erros e a ser honesto mesmo se ninguém estiver olhando.

Espero que aprenda a arrumar a cama e a aparar a grama do jardim, além de lavar o carro – e que ninguém lhe dê um carro novinho quando você tiver dezesseis anos.

Será bom se, pelo menos uma vez, você vir um bezerrinho nascer e tiver um bom amigo ao seu lado se precisar sacrificar o seu cachorro de estimação.

Espero que consiga um olho roxo lutando por alguma coisa em que acredite.

Que divida um quarto com seu irmão mais novo. Tudo bem se você desenhar uma linha no chão, demarcando o seu lado. Mas, se ele quiser ir para sua cama porque está com medo, espero que você deixe.

E, quando você quiser ir ver um filme da Disney e seu irmão quiser ir junto, espero que você o leve.

Espero que escale montanhas com seus amigos e que more numa cidade onde possa fazer isso com segurança.

Se você quiser um estilingue, espero que seu pai o ensine a fazer um, em vez de comprar. Também espero que aprenda a mexer na terra e a ler livros. E que, além de usar máquinas de calcular e computadores, aprenda a somar e a diminuir de cabeça.

Espero que seus amigos gozem você quando

se apaixonar pela primeira vez. Quando você responder atravessado à sua mãe, espero que aprenda que gosto tem o sabão de coco.

Que machuque o joelho subindo uma montanha, queime a mão no fogão e queime a língua num café muito quente. Sem gravidade, lógico.

Espero que fique enjoado se alguém fumar perto de você. Não me importo se experimentar cerveja uma vez. Mas espero que não goste. E, se um amigo lhe oferecer um baseado ou qualquer droga, espero que seja esperto o bastante para saber que essa pessoa não é sua amiga.

Espero, é claro, que encontre tempo para se sentar na varanda com seu avô e para ir pescar com seu tio.

Espero que sua mãe castigue você quando jogar uma bola de futebol na janela do vizinho e que ela o abrace e beije quando você lhe der um molde de gesso da sua mão.

São essas as coisas que desejo a você – dificuldades e desapontamento, trabalho duro e felicidade.

LEE PITTS

Jantar de família

Olhei para meus filhos gêmeos adolescentes e tive vontade de chorar. Ele de calças bufantes, cabelo cor de laranja e brincos. Ela com uma argola no nariz, tatuagem temporária e unhas pintadas das cores mais estranhas.

Era a Páscoa judaica, e íamos a um jantar de família. O que as pessoas diriam? Já podia imaginar tios e tias murmurando comentários, olhando e meneando as cabeças em desaprovação.

Eu podia ter iniciado uma discussão ali mesmo, na porta. Poderia ter ameaçado, ridicularizado, me recusado a sair. Mas para quê? Não queria causar problemas nem usar palavras agressivas naquele dia.

Teria sido mais fácil se ainda tivessem nove anos. "Voltem para seus quartos e se vistam adequadamente", eu diria. Mas tinham dezesseis anos, e, para eles, suas roupas eram perfeitamente adequadas.

E lá fomos nós. Eu estava pronta para os olhares, mas eles não vieram. Estava pronta para os comentários, mas não foram feitos. Meus filhos se sentaram (a princípio meio desconfortáveis) à mesa de vinte lugares, bem ao lado de seus primos impecavelmente arrumados.

Participaram das orações e dos cantos. Meu filho ajudou os primos mais novos nas leituras. Minha filha ajudou a trocar os pratos na hora da sobremesa.

Eles riram, brincaram e ajudaram a servir o café para os mais velhos.

Percebi, enquanto constatava como eram bonitos e simpáticos, que não devia me importar com o que os outros pensassem. Para mim, eles eram o máximo. Estavam respeitando nossas tradições com entusiasmo e se relacionavam com a família de forma amorosa. Isso vinha naturalmente – de seus corações.

Sentada em frente a eles, eu os observava. Soube naquele momento que os cabelos, as roupas e as tatuagens eram só afirmação de adolescente. Isso mudaria com o tempo. Mas sua participação nas orações da nossa festa e a união de nossa família permaneceriam para sempre nos seus corações. Mesmo quando fossem mais velhos, isso nunca iria mudar.

Logo a celebração da Páscoa terminaria. A música muito alta, os amigos e o grande tumulto voltariam à nossa vida. Eu gostaria que essa noite especial não terminasse. Foram momentos preciosos que só as mães podem compreender. Acho que não importa a idade dos filhos. Às vezes é apenas um sorriso rápido e engraçado ou um pequeno gesto que faz cintilar em nós um sentimento avassalador de amor absoluto.

Observando meus filhos, senti que estavam alegres e em paz. Tive vontade de abraçá-los e dizer como os achava incríveis. Mas não fiz isso. Queria beliscar suas bochechas como fazia quando tinham nove anos e dizer o quanto os achava bonitos. Mas também não fiz isso. Fiquei no meu lugar, cantei, comi e conversei com os outros.

Mais tarde, em casa, eu lhes diria. Sozinha com eles, diria o que representara terem ido à festa. Como eram sensacionais e como eu estava orgulhosa de ser sua mãe.

Mais tarde, sozinha com eles, eu diria o quanto os amo. E foi isso que fiz.

SHARI COHEN

O segredo da felicidade

Pior que não ver é não ter visão.
HELEN KELLER

Há uma fábula maravilhosa sobre uma menina órfã que não tinha família nem ninguém para amá-la. Certo dia, sentindo-se excepcionalmente triste e sozinha, ela foi passear por um prado e viu uma pequena borboleta presa em um arbusto de espinhos. Quanto mais a borboleta lutava para se libertar, mais os espinhos cortavam suas asas frágeis. A menina órfã libertou cuidadosamente a borboleta de sua prisão de espinhos. Em vez de voar para longe, a pequena borboleta transformou-se numa bonita fada. A menina esfregou os olhos, sem acreditar.

– Por sua maravilhosa gentileza – disse a boa fada à menina –, vou realizar qualquer desejo que você escolher.

A menina pensou um pouco e depois respondeu:

– Eu quero ser feliz!

A fada disse:

– Muito bem – e, inclinando-se na direção dela, sussurrou alguma coisa no seu ouvido. Em seguida, a fada desapareceu.

Enquanto a menina crescia, não havia ninguém na região tão feliz quanto ela. Todos lhe perguntavam o segredo da sua felicidade. Ela apenas sorria e respondia:

– O segredo da minha felicidade é que ouvi o que uma boa fada me disse quando eu era menina.

Quando estava bem velhinha, em seu leito de morte, todos os vizinhos se reuniram à sua volta, com medo de que o maravilhoso segredo morresse com ela.

– Conte, por favor – imploraram eles. – Conte o que a boa fada disse.

A adorável velhinha simplesmente sorriu e respondeu:

– Ela me disse que todo mundo, por mais seguro que pareça, quer seja velho ou novo, rico ou pobre, precisa de mim.

THE SPEAKER'S SOURCEBOOK

Beleza verdadeira

Quando perguntada sobre como mantém a aparência jovem a despeito de seu duro estilo de vida, Madre Teresa respondeu: "Às vezes, um bom sentimento interior vale muito mais do que um esteticista."

Para o Dia das Mães, Jeannie tinha feito um esforço considerável e planejado tudo para comprar algo muito especial para sua mãe, Bess. Dos primeiros salários que havia recebido economizara cuidadosamente o custo de um consultor de estilo. No dia marcado, essa jovem filha levou sua mãe tímida e despretensiosa ao meu estúdio.

Durante a consulta cromática e a transformação, Bess confessou que havia se concentrado na família durante anos, ignorando a si mesma. Como conseqüência, nunca parava para pensar quais as roupas que lhe ficavam bem, ou como usar maquiagem.

Enquanto eu colocava cores bonitas perto de

seu rosto, ela começou a desabrochar, ainda que não parecesse ter se dado conta. Depois de aplicar as últimas pinceladas de blush e batom para destacar seu colorido, convidei-a a se olhar no grande espelho de pé. Ela olhou demoradamente, como se estivesse observando um estranho, então se aproximou cada vez mais da imagem. Finalmente, olhando de boca aberta, tocou de leve no espelho.

– Jeannie – fez um sinal –, venha cá.

Colocando a filha a seu lado, apontou para a imagem:

– Jeannie, olhe para mim. Eu estou linda!

A jovem sorriu para a mulher mais velha no espelho com lágrimas nos olhos.

– Sim, mamãe, você sempre foi linda.

Charlotte Ward

Uma história de duas cidades

Um viajante, ao se aproximar de uma cidade grande, perguntou a uma mulher sentada à beira da estrada:

– Como são as pessoas nessa cidade?

– Como são as pessoas no lugar de onde você vem?

– Uma gente horrível – respondeu o viajante. – São pessoas egoístas, em quem não se pode confiar, detestáveis sob todos os aspectos.

– Ah – disse a mulher –, você vai achar o mesmo tipo de gente por aqui.

O homem mal tinha se afastado quando outro viajante parou e fez à mulher a mesma pergunta, curioso sobre os habitantes da cidade.

Mais uma vez, a mulher quis saber como eram os habitantes da cidade de onde vinha o homem.

– Pessoas boas, honestas, trabalhadoras e compreensivas com os outros e com elas mesmas – respondeu o segundo viajante.

A sábia mulher retrucou:

– Pois é esse mesmo tipo de gente que você vai encontrar por aqui.

WILLY MCNAMARA

Minha filha, minha mestra

As crianças reinventam o mundo para você.
SUSAN SARANDON

As crianças nos ensinam coisas novas todos os dias. Eu já tinha ouvido dizerem isso, mas foi só quando me tornei mãe que me dei conta da dimensão desse ensinamento.

Quando Marissa tinha seis meses, parecia estar sempre olhando para cima, procurando alguma coisa. Acompanhando seu olhar, descobri a magia das folhas dançando nas árvores e o movimento das nuvens no céu. Com oito meses, ela olhava para baixo, enquanto eu a empurrava no carrinho. Percebi, então, que cada pedra é diferente, que as rachaduras nas calçadas fazem desenhos interessantes e as folhas da grama têm verdes diversos.

Quando ela fez onze meses, aprendeu a dizer "Uau!", palavra que usava, maravilhada, ante qualquer coisa nova e deslumbrante, como a variedade de brinquedos do consultório do pediatra ou o acúmulo de nuvens negras antes de uma tempestade. Ela falava baixinho "Uau!" para coisas que realmente a impressionavam, como o sopro do vento no seu rosto ou um bando de pombos levantando vôo. E, finalmente, o máximo em matéria de "Uau!" era a sua boquinha aberta, mas sem emitir som, reservado para ocasiões realmente surpreendentes, como um pôr-do-sol num lago depois de um lindo dia ou fogos de artifício no céu de verão.

Marissa me ensinou muitas formas de dizer "Eu te amo". Quando tinha quatorze meses e estávamos abraçadas, ela, com a cabecinha recostada no meu ombro, suspirou fundo e disse: "Feliz." Num outro dia (já com dois anos e levada como ela só), apontou para uma linda modelo na capa de uma revista e perguntou: "É você, mamãe?"

Há pouco tempo, agora com três anos, entrou na cozinha enquanto eu lavava a louça e ofereceu: "Posso ajudar?" Logo depois, colocou a mão no meu braço e me fez derreter: "Mamãe, se você fosse pequena, eu queria ser sua amiga."

Em momentos assim, tudo que posso dizer é "Uau!".

JANET S. MEYER

Como massagear um ego

Se você tratar um indivíduo como ele é,
ele permanecerá como é. Mas se você o tratar
como se fosse o que deveria ser, ele se transformará
no que deveria e poderia ser.
GOETHE

O Sr. Rickman, nosso professor de psicologia, não costuma passar o mesmo tipo de deveres dos outros professores, tal como ler mil páginas, responder às perguntas ao final do capítulo, solucionar os problemas de 47 a 856. Ele é bem mais criativo do que isso.

O Sr. Rickman apresentou o dever de quinta-feira passada, dizendo que o comportamento é um meio de comunicação.

– Nossos atos falam mais alto do que as palavras. Esta não é uma frase vazia – ele nos disse. – O que as pessoas fazem nos diz algo sobre o que estão sentindo.

Ele fez uma pequena pausa para que absorvêssemos aquilo antes de passar o dever.

– Agora, vejam se conseguem mudar uma pessoa, massageando o ego dela o bastante para que você perceba uma mudança em seu comportamento. Relataremos os resultados na aula da semana que vem.

Quando cheguei em casa naquela tarde, minha mãe estava sentindo uma imensa pena de si mesma. Percebi isso ao passar pela porta. Os cabelos caíam sobre o rosto, a voz mais parecia um lamento, e ela ficava suspirando enquanto preparava o jantar. Nem ao menos me dirigiu a palavra quando cheguei. Como ela não falou, eu também não falei.

O jantar foi um tanto triste. Papai não estava com mais vontade de falar do que mamãe ou eu. Decidi colocar o meu dever de casa em ação.

– Mãe, sabe aquela peça que o clube de artes dramáticas da universidade está encenando? Por que você não vai com o papai hoje à noite? Ouvi dizer que é ótima.

– Esta noite não dá – disse meu pai. – Tenho uma reunião importante.

– Naturalmente – comentou mamãe. E eu compreendi o que a estava incomodando.

– Bem, então por que não vai comigo? – perguntei. Imediatamente, desejei não ter feito aquele convite. Imagine só um rapaz do segundo grau ser visto saindo à noite com a mãe!

De qualquer maneira, o convite ficou ali, pairando no ar, e mamãe perguntou, toda animada:

– Jura, Kirk?

Engoli em seco algumas vezes.

– Claro. Por que não?

– Mas rapazes não costumam sair com as mães. – Seu tom de voz foi ficando cada vez mais agradável, e ela prendeu as mechas de cabelos soltos em cima da cabeça.

– Não existe nenhuma lei dizendo que a gente não pode sair com a mãe – brinquei. – Vá se arrumar. Nós vamos sair.

Mamãe carregou alguns pratos até a pia. Agora, seus passos estavam leves em vez de arrastados.

– Deixe que Kirk e eu lavamos a louça – ofereceu papai, e mamãe chegou a sorrir para ele.

"Você foi muito gentil em fazer isso", disse

papai, quando mamãe deixou a cozinha. "Você é um filho muito atencioso."

"Graças à aula de psicologia", pensei, um tanto deprimido.

Mamãe voltou à cozinha parecendo cinco anos mais nova do que há uma hora.

– Você tem certeza de que não vai sair com ninguém esta noite? – insistiu ela, como se não pudesse acreditar no que estava acontecendo.

– Agora, eu vou – respondi. – Vamos nessa!

A noite acabou não sendo tão desagradável assim. A maioria dos meus amigos certamente fez algo de mais empolgante naquela noite do que assistir a uma peça de teatro. Os que foram ver a mesma peça não ficaram nem um pouco surpresos de me ver com minha mãe. Ao final da noite, ela estava genuinamente feliz, e eu próprio, bastante satisfeito. Não só me dei superbem no dever de casa como também aprendi um bocado sobre como fazer alguém feliz.

KIRK HILL

O balão de Benny

Benny tinha setenta anos quando morreu subitamente de câncer, em Wilmette, Illinois. Como sua neta de dez anos, Rachel, nunca teve a oportunidade de dizer adeus, ela chorou durante vários dias. Mas, depois de receber um grande balão vermelho em uma festa de aniversário, voltou para casa com uma idéia – uma carta para o vovô Benny, enviada para o céu em seu balão.

A mãe de Rachel não teve coragem de dizer não e observou com lágrimas nos olhos o balão subir por entre as árvores do jardim e desaparecer.

Dois meses depois, Rachel recebeu esta carta com carimbo do correio de uma cidade a 900 quilômetros de distância, na Pensilvânia:

"Querida Rachel,

Vovô Benny recebeu a sua carta. Ele realmente a adorou. Por favor, entenda que coisas materiais não podem ficar no céu, por isso tiveram que mandar o balão de volta para a Terra – eles só guardam os pensamentos, as lembranças, o amor e coisas desse tipo no céu.

Rachel, sempre que você pensar no vovô Benny, ele saberá e estará muito perto, com um amor enorme por você.

Sinceramente,

Bob Anderson (também um vovô)."

MICHAEL CODY

Atrás de todo grande homem existe uma grande mulher

Thomas Wheeler, alto executivo de uma multinacional, viajava com sua mulher por uma estrada interestadual quando notou que o carro estava com pouca gasolina. Ele parou num posto muito simples, com apenas uma bomba de combustível. Pediu ao único atendente que enchesse o tanque e verificasse o óleo enquanto ele dava uma volta para esticar as pernas.

Ao retornar para o carro, percebeu que o frentista e sua mulher estavam num papo animado. A conversa parou enquanto Wheeler pagava pela gasolina. Mas, quando voltava para o carro, ele viu o rapaz acenar e dizer:

– Foi ótimo falar com você.

Ao sair do posto, o marido perguntou à mulher se ela conhecia o atendente. Ela imediatamente admitiu que sim. Tinham freqüentado a mesma escola e ela o namorara por cerca de um ano.

– Puxa, você teve sorte de eu ter aparecido – Wheeler se vangloriou. – Se tivesse se casado com ele, seria agora a esposa de um frentista de posto de gasolina, em vez de esposa de um alto executivo.

– Meu querido – respondeu a mulher –, se eu tivesse me casado com ele, ele seria o alto executivo e você, o frentista do posto de gasolina.

THE BEST OF BITS & PIECES

O segredo da vida

Quando o Senhor Deus estava criando o mundo, chamou seus arcanjos.
O Senhor pediu aos arcanjos que o ajudassem a decidir onde colocar o Segredo da Vida.

"Enterre-o no chão", respondeu um anjo.
"Coloque-o no fundo do mar", disse outro.
"Esconda-o nas montanhas", sugeriu mais um.

O Senhor respondeu:
"Se eu escolher qualquer dessas coisas,
apenas alguns encontrarão o Segredo da Vida.
O Segredo da Vida deve ser acessível a TODOS!"

Um anjo replicou: "Já sei: coloque-o no coração dos homens.
Ninguém pensará em procurar ali."
"Sim!", disse o Senhor. "Dentro do coração dos homens."
E assim foi feito – o Segredo da Vida está dentro de todos nós.

Autor desconhecido

A fofoqueira

Uma mulher espalhou uma fofoca sobre uma vizinha. Alguns dias depois, o bairro inteiro sabia da história. A moça que foi alvo da fofoca ficou muito magoada e ofendida. Mais tarde, a mulher que espalhou o boato descobriu que era tudo mentira. Ficou muito arrependida e foi visitar um velho sábio para descobrir o que podia fazer para consertar o estrago.

– Vá até a praça do mercado – disse ele –, compre uma galinha e mande matar. Depois, no caminho de casa, depene a galinha e solte as penas uma por uma pela rua.

Embora surpresa com o conselho, a mulher fez o que ele tinha mandado.

No dia seguinte, o sábio disse:

– Agora vá, recolha todas as penas que deixou cair ontem e traga para mim.

A mulher seguiu o mesmo caminho, mas, para seu desespero, o vento tinha dispersado todas as penas. Depois de procurar por horas, ela voltou com apenas três penas na mão.

– Está vendo – disse o velho sábio –, é fácil soltá-las, mas é impossível recolhê-las. Com a fofoca também é assim. Não custa muito espalhar um boato, mas, depois que se espalha, nunca se pode reverter o dano completamente.

AUTOR DESCONHECIDO,
enviado por Helen Hazinski

Problema ou solução

Era 1933. Eu havia sido demitido de meu emprego de meio expediente e não podia mais contribuir para a despesa familiar. Nossa única renda era o que mamãe conseguia ganhar fazendo roupas para os outros.

Então mamãe ficou doente durante algumas semanas e incapaz de trabalhar. A companhia elétrica veio e cortou a energia quando não conseguimos pagar a conta. Depois foi a companhia de água. Mas o Departamento de Saúde os fez religar a água por motivos sanitários. A despensa ficou quase vazia. Felizmente, tínhamos uma pequena horta e podíamos cozinhar os legumes numa fogueira no quintal.

Um dia minha irmã mais nova veio saltitante da escola para casa dizendo:

– Amanhã temos que levar para a escola alguma coisa para dar aos pobres.

Mamãe começou a esbravejar, dizendo:

– Não conheço ninguém mais pobre do que nós!

Mas a mãe dela, que estava morando conosco na época, a fez calar, franzindo as sobrancelhas e tocando-lhe o braço:

– Eva – disse –, se você passar para uma criança a idéia de que ela é "pobre" com essa idade, ela será "pobre" para o resto da vida. Sobrou um pote daquela geléia caseira. Ela pode levá-lo.

Vovô achou um pedaço de papel de seda e um pedacinho de fita cor-de-rosa, com os quais embrulhou nosso último pote de geléia, e minha irmã foi saltitando para a escola no dia seguinte levando orgulhosamente seu "presente para os pobres".

E, para sempre depois disso, se havia um problema na comunidade, minha irmã naturalmente presumia que ela deveria ser parte da solução.

EDGAR BLEDSOE

As mulheres que cruzaram meu caminho

Hoje, quando tomo consciência de quem eu sou, penso em todas as mulheres que, ao cruzarem meu caminho, ajudaram a construir meu ser. A elas quero prestar uma homenagem.

À mulher que me fez nascer e que ao me aconchegar e me amamentar transmitiu-me a segurança de que o mundo era bom e de que o amor constituía o valor mais fundamental. A essa mulher que acolheu minhas necessidades, que sempre me apoiou nas horas difíceis, embora muitas vezes, ao me estender a mão, me dissesse que eu era capaz de andar com minhas próprias pernas e que ela não iria me carregar no colo. Senti raiva, mas fui em frente e descobri em mim uma força insuspeitada. Sou extremamente grata por isso.

Às mulheres que cruzaram o meu caminho e me respeitaram como ser humano, respeitaram minhas características únicas e me amaram como eu era, em vez de me dizer como eu devia ser para que me amassem.

Às mulheres que cruzaram o meu caminho e que com seu exemplo me mostraram que a vida dentro de nós tem uma imensa força de superação, que as piores tragédias serão vencidas, que o riso renasce depois das lágrimas mais trágicas.

Às mulheres que cruzaram o meu caminho e me ensinaram que essa força, o amor capaz das maiores doações, a sabedoria, a coragem e a generosidade são manifestações de Deus em nós, e com isso me fizeram acreditar em Deus. Porque até então eu rejeitava o Deus que pune, que julga, que condena.

Às mulheres que cruzaram meu caminho e que me ensinaram que o que eu achava que fosse erro e fracasso são oportunidades preciosas de aprendizado, e por isso não me deixaram paralisada pela culpa, mas me ajudaram a crescer com os acontecimentos da vida.

Às mulheres que cruzaram o meu caminho e que me provaram o valor da verdade como um direito soberano do ser humano: a verdade do nosso desejo, da nossa opinião, da afirmação da nossa realidade pessoal, desde que estejamos abertos para ouvir e acolher a verdade dos outros e negociar com ela.

Às mulheres que por sua amargura, egoísmo e futilidade me mostraram claramente que eu não queria ser assim, e dessa forma me ajudaram a combater os meus aspectos amargos, egoístas e fúteis.

Às mulheres que cruzaram o meu caminho e me mostraram o que eu sou e o que eu não sou, que me apoiaram ternamente com amor, força e confiança, que me chamaram a atenção com carinho, cuja crítica foi uma manifestação do desejo do meu crescimento e da sua crença em mim.

A essas mulheres eu abençôo e agradeço do fundo do coração, porque fui fortalecida e libertada através de sua alegria e de seu sacrifício.

Rev. Melissa M. Bowers

O dia em que deu tudo errado

Quando uma falha ocorre, há apenas atraso,
mas não derrota. É um desvio temporário,
mas não um beco sem saída.
WILLIAM ARTHUR WARD

Toda vez que, como mãe, eu preciso de ajuda, me lembro de minha própria mãe e de minha avó, mulheres que plantaram sementes de sabedoria na minha alma.

Num dia "daqueles", cheguei em casa e encontrei um insolente segundo aviso de uma conta de gás que não fora paga e meus três filhos quase a nocaute.

Tommy, de onze anos, reclamava de um corte de cabelo malfeito. Teve de agüentar os meninos o chamando de "carequinha", ele me contou, escondendo a cabeça com as duas mãos.

Lisa estava desolada: apesar de ter estudado

tanto para o teste final da segunda série, errara duas palavras.

Jenni, no primeiro ano, fora traída por sua risada nervosa na hora da leitura e tropeçara numa frase.

Olhei aquelas três carinhas desconsoladas com a maior ternura e a imagem de minha avó apareceu sorrindo em minha cabeça:

– Muito bem, queridos, sabem que dia é hoje? É "um dia em que deu tudo errado". Vamos festejar!

Eles me olharam, surpresos e curiosos. Continuei: – Minha avó sempre dizia que aprendemos mais com nossos erros do que com nossos sucessos. Ela falava que quanto mais uma pedra se desgasta pela ação do tempo, mais longe ela vai ricochetear. Vamos ao McDonald's para nossa primeira "festa do dia em que deu tudo errado".

Essa foi a primeira de muitas outras festas por coisas que deixaram de dar certo. Procurávamos o que podíamos comemorar em meio a tragédias, em vez de nos angustiarmos pelo que tínhamos sofrido.

Espero ter plantado na alma de meus filhos as

sementes reunidas pela sabedoria das mulheres que me antecederam. E que essas sementes se espalhem nos seus próprios jardins um dia.

JUDITH TOWSE-ROBERTS

Se eu soubesse...

Muitas pessoas vivem dizendo "Ah, se eu soubesse naquela época o que sei agora...", mas nunca completam o pensamento. Quer saber o que eu faria? Então, lá vamos nós...

Eu ouviria com mais atenção o que o meu coração tem a dizer.
Eu me divertiria mais e me preocuparia menos.
Eu saberia que a escola um dia vai terminar... e que o trabalho... bom, deixa pra lá!
Eu não me preocuparia tanto com o que os outros estivessem pensando.
Eu valorizaria minha vitalidade e minha juventude.
Eu brincaria mais, me irritaria menos.
Eu saberia que minha beleza está no meu amor pela vida.

Eu saberia o quanto meus pais me amam e acreditaria que eles estão fazendo o melhor que podem.
Eu aproveitaria o sentimento de "estar amando" e não me preocuparia tanto com o futuro.
Eu saberia que provavelmente a paixão vai acabar um dia, mas que alguma coisa melhor virá.
Eu não teria medo de agir como criança.
Eu teria mais coragem.
Eu buscaria ver as qualidades de cada pessoa e não seus defeitos.
Eu não perderia meu tempo com algumas pessoas só porque elas são "populares".
Eu faria aulas de dança.
Eu gostaria do meu corpo do jeito que ele é.
Eu acreditaria nas minhas amigas.
Eu seria uma namorada fiel.
Eu não acreditaria nos meus namorados. (Brincadeira.)
Eu aproveitaria os beijos. Aproveitaria de verdade.
Eu seria mais compreensiva e grata, com certeza.

KIMBERLY KIRBERGER

A inspeção

Num acampamento de escoteiros, durante uma inspeção, o monitor achou um guarda-chuva cuidadosamente enrolado no saco de dormir de um dos meninos. Como, afinal, guarda-chuvas não faziam parte da lista do que levar para o acampamento, ele pediu ao garoto que explicasse por que o objeto estava ali.

Com um suspiro conformado, o menino disse: – O senhor não sabe como são as mães?

AUTOR DESCONHECIDO

O som de mãos batendo palmas

Existe uma história maravilhosa a respeito de Jimmy Durante, um dos grandes artistas de teatro de variedades de algumas gerações atrás. Pediram-lhe que fizesse parte de um show para veteranos da Segunda Guerra Mundial. Ele disse que estava com a agenda muito ocupada e que poderia ceder apenas alguns minutos, mas que, se não se importassem de ele fazer um monólogo curto e partir imediatamente para seu próximo compromisso, ele iria. É claro que o diretor do espetáculo concordou alegremente.

Mas quando Jimmy subiu ao palco algo interessante aconteceu. Ele acabou o pequeno monólogo e ficou. Os aplausos ficaram cada vez mais altos e ele continuou ali – quinze, vinte, então trinta minutos. Finalmente, fez sua última reverência e saiu do palco. Na coxia alguém o deteve e disse:

– Achei que o senhor tinha que partir depois de alguns minutos. O que aconteceu?

Jimmy respondeu:

– Eu realmente tinha que ir, mas posso lhe mostrar o motivo pelo qual fiquei. Você mesmo pode ver se olhar para a primeira fila.

Na primeira fila estavam dois homens, cada um dos quais havia perdido um braço na guerra. Um perdera o braço direito e o outro, o esquerdo. Juntos, eram capazes de aplaudir e era exatamente isso o que estavam fazendo, bem alto e alegremente.

TIM HANSEL

Um conto de Natal

O maior presente é um pedaço de você mesmo.
RALPH WALDO EMERSON

Eu estava em San Francisco, a poucos dias do Natal. As lojas já começavam a ficar entupidas e multidões esperavam impacientemente pelos ônibus e bondes no fim da tarde.

Quase todo mundo carregava pilhas de pacotes, e o cansaço era tanto que eu comecei a me perguntar se os inúmeros amigos e parentes mereciam mesmo aqueles presentes e tanto sacrifício. Esse não era bem o espírito de Natal que eu desejava.

Por fim fui literalmente empurrada para dentro de um bonde superlotado, e a idéia de ficar ali como sardinha em lata até chegar em casa foi se tornando insuportável. O que eu não daria por um lugar sentada!

À medida que algumas pessoas foram descendo, consegui respirar melhor e comecei a notar os outros passageiros. Com o canto do olho, vi um menino pequeno, de pele escura – não podia ter mais do que seis anos –, puxando a manga de uma mulher e perguntando: "Quer se sentar?" Ele a levou até o assento vago mais próximo e partiu em busca de outra pessoa cansada. Assim que um cobiçado lugar surgia, ele rapidamente se enfiava em meio àquela massa humana para procurar mais uma mulher carregada de pacotes e levava-a até o assento.

Finalmente, quando senti um puxão em minha própria manga, já estava completamente fascinada pelo menino. Ele me pegou pela mão e com um sorriso do qual jamais vou me esquecer disse: "Venha comigo." Mal tive tempo de agradecer, pois ele já partia em busca de mais uma necessitada.

Os passageiros do bonde, que em geral viajavam olhando para a frente e evitando os olhares dos vizinhos, começaram a trocar sorrisos. Uma mulher comentou comigo o cansaço que sentia, e três pessoas se abaixaram ao mesmo tempo para apanhar um pacote que caíra no chão. Em pouco tempo, as pessoas conversavam. Aquele menininho havia realmente mudado alguma coisa – todos nós nos sentíamos envolvidos num sutil sentimento de aconchego, e o resto do percurso foi puro prazer.

Não percebi o menino descer. Quando olhei, ele não estava mais ali. Quando cheguei ao meu ponto, saltei do bonde pisando nas nuvens e desejei sinceramente ao motoqueiro "Feliz Natal". Pela primeira vez percebi como as casas de minha rua estavam lindamente iluminadas e pensei em reunir os vizinhos para um chá antes do fim do ano. Eu me sentia de bem com o mundo, feliz com os presentes que comprara e com a alegria que eles dariam.

E de repente o Natal deixou de ser uma estressante festa de consumo para adquirir seu verdadeiro sentido. Mais uma vez era um menino que, com seu gesto de amor, anunciava nossa verdadeira vocação.

AUTOR DESCONHECIDO

Um anjo de chapéu vermelho

Se quiser ser amado, ame e seja amável.
BENJAMIN FRANKLIN

Sentada na lanchonete em frente à clínica, não queria admitir o meu medo. No dia seguinte eu seria internada para fazer uma cirurgia na espinha, uma operação de alto risco. Eu tinha perdido o meu pai havia poucas semanas e me sentia desamparada. Era como se a luz que me guiava tivesse retornado ao Céu. Mas eu tentava encontrar forças na minha fé.

"Oh, Senhor, nessa época de provações, mande-me um anjo."

Quando me preparava para sair, vi uma senhora idosa se dirigindo vagarosamente para o caixa. Fiquei atrás dela, admirando sua elegância – um lindo vestido xadrez vermelho e preto, um lenço, um broche e um chapéu vermelho-escarlate.

– Desculpe, senhora, mas não posso deixar de lhe dizer como é bonita. Vê-la assim tão elegante encheu-me de alegria.

Ela segurou a minha mão e disse:

– Minha doce criança, Deus a abençoe. Eu tenho um braço artificial, uma placa de metal no outro e esta perna não é minha. Levo um bom tempo para conseguir me vestir. Tento me arrumar da melhor maneira possível, mas, à medida que os anos passam, parece que as pessoas pensam que não tem importância vestir-se bem. Você hoje fez com que eu me sentisse uma pessoa especial. Que o Senhor possa protegê-la e abençoá-la porque você deve ser um anjinho enviado por Ele.

A senhora se foi sem que eu conseguisse dizer uma só palavra. Ela tocou a minha alma de tal forma que só podia ser o anjo que eu pedira.

Tami Fox

Moça, a senhora é rica?

Era inverno e elas entraram às pressas pela porta dos fundos – duas crianças em casacos surrados e pequenos para o seu tamanho.

– A senhora tem aí uns jornais velhos?

Eu estava ocupada. Queria dizer não, mas olhei para os seus pés e vi que usavam sandálias abertas, cheias de gelo. "Entrem, que eu faço uma xícara de chocolate para vocês." Suas sandálias encharcadas deixaram marcas na pedra da lareira, mas não consegui reclamar.

Servi o chocolate quente acompanhado de torradas com geléia e voltei para a cozinha, onde retomei meu trabalho.

Estranhando o silêncio na sala da frente, fui até lá ver o que estava acontecendo.

A menina segurava a xícara vazia e a olhava atentamente. O menino me perguntou numa voz sem emoção:

– Moça, a senhora é rica?

– Rica? Eu? Misericórdia! – Olhei para meus estofados gastos.

A menina pôs a xícara sobre o pires, cuidadosamente.

– Suas xícaras combinam com os pires. – Sua voz era a de uma pessoa mais velha, com uma fome que não vinha do estômago.

Eles saíram, segurando os maços de jornal, lutando contra o vento. Nem agradeceram, mas não era necessário. Tinham feito muito mais do que isso. Xícaras e pires tão simples, de louça azul. Mas combinavam. Virei o assado e coloquei as batatas no molho. Batatas com molho ferrugem, um teto sobre a cabeça, meu marido com um emprego estável – essas coisas também combinavam.

Tirei as cadeiras de perto da lareira e limpei a sala. As pegadas cheias de lama ainda estavam por ali, e eu as deixei ficar. Quero que permaneçam no mesmo lugar, caso eu me esqueça novamente de como sou rica.

MARION DOOLAN

A melhor época da vida

Era 15 de junho e em dois dias eu faria trinta anos. Estava inseguro com a rapidez com que o tempo tinha passado e temia que os melhores anos tivessem ficado para trás.

Minha rotina diária incluía uma sessão de ginástica antes do trabalho. Todas as manhãs encontrava com meu amigo Nicholas na academia. Ele tinha setenta e nove anos e estava em plena forma. Quando o cumprimentei naquele dia, ele percebeu que eu não estava animado como sempre e perguntou se havia alguma coisa errada. Disse-lhe que estava ansioso por estar fazendo trinta anos. Fiquei imaginando como olharia para trás quando chegasse à idade do meu amigo Nicholas, então lhe perguntei:

– Qual foi a melhor época da sua vida?

Sem hesitar, Nicholas respondeu:

– Bem, Joe, esta é minha resposta filosófica à sua pergunta filosófica: quando era criança na Áustria e meus pais cuidavam de mim, sem que eu precisasse me preocupar com nada, aquela foi a melhor época da minha vida. Quando fui para a escola e aprendi as coisas que sei hoje, aquela foi a melhor época da minha vida. Quando arrumei meu primeiro emprego, passei a ter responsabilidades e a ser pago por meu esforço, aquela foi a melhor época da minha vida. Quando conheci minha mulher e me apaixonei, aquela foi a melhor época da minha vida. Veio a Segunda Guerra e minha mulher e eu tivemos de sair da Áustria para salvar nossas vidas. Quando estávamos juntos e a salvo num navio, vindo para a América do Norte, aquela foi a melhor época da minha vida. Quando viemos para o Canadá e formamos uma família, aquela foi a melhor época da minha vida. Quando me tornei um jovem pai e pude ver meus filhos crescerem, aquela foi a melhor época da minha vida. E agora, Joe, tenho setenta e nove anos e estou com saúde. Me sinto bem e continuo apaixonado por minha mulher, exatamente como quando a conheci. Esta é a melhor época da minha vida.

Joe Kemp

Ouça, por favor

A idade não protege você do amor.
Mas o amor, de alguma forma,
protege você da idade.
JEANNE MOUREAU

Quando peço que me ouça e você começa a me dar conselhos, não está fazendo o que eu pedi.

Quando peço que me ouça e você começa a me dizer por que eu não deveria me sentir assim, está ferindo os meus sentimentos.

Quando peço que me ouça e você acha que precisa fazer alguma coisa para resolver o meu problema, você não me ajudou.

Não fale nem faça – apenas ouça.

Conselhos são baratos. Com pouco dinheiro, você compra uma revista, um jornal ou um livro cheios de conselhos. E isso eu posso fazer por conta própria. Não sou incapaz.

Talvez me desanime e hesite com freqüência, mas não sou incapaz.

Quando você faz por mim alguma coisa que eu posso e preciso fazer por conta própria, você contribui para o meu medo e para a minha insegurança.

Mas, quando você aceita como um fato natural que eu sinta o que sinto, por mais irracional que seja, aí eu não preciso me preocupar em convencer você e posso tentar entender o que está por trás desse sentimento irracional.

E, quando isso estiver claro, as respostas serão óbvias e não precisarei de conselhos.

Sentimentos irracionais fazem sentido quando entendemos o que está por trás deles.

Talvez seja por isso que rezar funciona às vezes para algumas pessoas – porque Deus é mudo e não dá conselhos, nem tenta consertar as coisas. Deus apenas ouve e deixa você descobrir as coisas por conta própria.

Então, por favor, ouça, apenas ouça.

E, se quiser falar, espere um pouco a sua vez — e eu ouvirei você.

AUTOR DESCONHECIDO

Quando estamos sozinhos, podemos dançar

Você nunca perde amando.
Sempre perde deixando de amar.
BARBARA DE ANGELIS

O navio estava cheio de passageiros, muitos deles aposentados, todos animados para os próximos três dias de divertimento.

Na minha frente, no corredor acarpetado, vi uma mulher pequena com uma calça marrom de poliéster, ombros curvados, cabelos brancos e bem curtos.

Pelo alto-falante, a familiar *Begin the Beguine,* com Artie Shaw. De repente, aconteceu uma coisa maravilhosa.

A mulher, sem perceber que havia alguém atrás dela, começou a balançar e se sacudir. Estalava os dedos. Girava os quadris. Fazia passos rápidos e graciosos – para a frente, arrastando os pés, para o lado.

Quando alcançou a porta que levava ao restaurante, ela parou, deixou sua dança para trás e entrou no salão como se fosse outra pessoa.

Na verdade, voltou a ser aquela senhora corcunda.

Muitas vezes eu me lembro dessa cena. E penso nela agora, no dia do meu aniversário. Muita gente nem imagina que eu ainda possa dançar.

Os jovens pensam que as pessoas da minha idade não têm mais direito a música, romance, dança ou sonhos.

Eles nos vêem como a idade nos moldou: camuflados em rugas, cinturas grossas e cabelos grisalhos.

Não vêem todas as outras pessoas que existem dentro de nós.

Mostramos ao mundo uma certa aparência porque essa é a regra que o costume impõe. Somos os velhos sábios amalucados, as dignas matronas.

Não temos liberdade de movimento para

deixar as outras pessoas que existem em nós agirem – ou para usar nossas outras vidas.

Ninguém imagina, por exemplo, que ainda sou a moça magrinha que cresceu num lindo lugar perto de Boston.

Dentro de mim, ainda me vejo como a mais nova de quatro filhos de uma família feliz, com uma linda mãe e um pai sempre alegre. Não importa que meus pais já tenham morrido há muito tempo e que sejamos agora apenas três irmãos.

Ainda sou a criança meio presunçosa, acostumada com carrões e empregadas – embora meu pai tenha perdido seu dinheiro na Grande Depressão e eu viva hoje em dia de contracheque em contracheque.

BETH ASHLEY

O que você quer ser?

A imaginação é a maior pipa
que se pode empinar.
LAUREN BACALL

Tive um daqueles momentos felizes e inesperados há algumas semanas. Estava no quarto trocando a fralda de um dos bebês quando nossa filha de cinco anos, Alyssa, entrou e pulou na cama ao meu lado.

– Mamãe, o que você quer ser quando crescer? – perguntou.

Achei que ela estava fazendo algum jogo imaginário e, para entrar na brincadeira, respondi dizendo:

– Huum. Acho que gostaria de ser mãe quando crescer.

– Você não pode ser isso porque você já é mãe. O que você quer ser quando crescer?

– Está bem, talvez eu seja pastor de igreja quando crescer – respondi a segunda vez.

– Mamãe, não, você já é isso!

– Desculpe-me, querida – eu disse. – Mas então não estou entendendo o que eu devo dizer.

– Mamãe, só responda o que você quer ser quando crescer. Você pode ser qualquer coisa que quiser!

A esta altura eu estava tão enternecida com a experiência que não pude responder imediatamente. Alyssa desistiu e saiu do quarto.

Esta experiência – esta minúscula experiência de cinco minutos – tocou fundo dentro de mim. Fiquei emocionada porque, aos olhos jovens de minha filha, eu ainda podia ser qualquer coisa que quisesse ser! Minha idade, minha carreira atual, meus cinco filhos, meu marido, meu diploma, meu mestrado – nada disso tinha importância. Aos seus olhos jovens eu ainda podia sonhar e tentar alcançar as estrelas. Aos seus olhos jovens meu futuro não havia acabado. Aos seus olhos jovens eu ainda podia ser astronauta, pianista ou até mesmo cantora de ópera, talvez. Sob seu olhar jovem eu ainda tinha que crescer mais e tinha muito "ser" sobrando em minha vida.

A verdadeira beleza daquele encontro com minha filha foi quando eu percebi que, com toda sua honestidade e pureza, ela teria feito a mesma pergunta a seus avós ou a seus bisavós.

Já foi escrito: "A mulher velha que irei me tornar será bastante diferente da mulher que sou agora. Outro eu está começando..."

Então, o que você quer ser quando crescer?

REV. TERI JOHNSON

Medo de quê?

Na vida não existe nada a temer, mas a entender.
MARIE CURIE

O medo era meu companheiro constante. Eu vivia com medo de perder o que tinha ou de não conseguir o que queria ter.

E se meus cabelos caírem?

E se eu não conseguir comprar a casa que eu quero?

E se eu engordar, ficar flácido e deixar de ser atraente?

E se eu tiver uma deficiência física e não puder jogar bola com meu filho?

E se eu ficar velho, frágil, e não tiver nada a oferecer aos que me rodeiam?

Mas a vida ensina a quem quer aprender, e hoje eu sei:

Se meus cabelos caírem, vou ser o careca mais simpático e agradecer pelas idéias que a minha cabeça produzir, apesar da falta de cabelo.

Não é a casa que faz alguém feliz. Um coração infeliz não se sente melhor em nenhuma casa. Mas um coração em paz torna qualquer casa feliz.

Se eu dedicar mais tempo a me desenvolver emocional, mental e espiritualmente, em vez de só me preocupar com o físico, vou me sentir cada vez mais atraente.

Se uma deficiência física me impedir de ensinar meu filho a encestar uma bola, vai me sobrar tempo para ensiná-lo a resolver os problemas da vida, o que é um aprendizado muito mais útil.

E se a idade for me roubando as forças, a agilidade mental e a resistência física, posso oferecer aos que conviverem comigo a força das minhas convicções, a profundidade do meu amor e a solidez espiritual de uma alma cuidadosamente esculpida pelas arestas de uma longa vida.

Se o destino me trouxer perdas e desilusões, vou enfrentar o desafio com dignidade e determinação. Porque são muitas as dádivas de Deus, e posso substituir cada dádiva perdida por outras dez que eu nunca perceberia se a vida sempre fosse um mar de rosas.

Quando eu não puder mais dançar, vou cantar com alegria. Quando não tiver mais forças para cantar, vou ouvir as músicas de que mais gosto. Quando minha respiração for apenas um leve sopro, vou pensar nos meus entes queridos e meu coração vai se aquecer de amor. E quando a luz mais brilhante se aproximar, vou rezar em silêncio e entrar nela.

Então terá chegado a hora de ir ao encontro do Senhor. E vou ter medo de quê?

David L. Weatherford

Um pai famoso

Um grande homem morreu hoje. Ele não era um líder mundial, nem um médico famoso, nem um herói ou um ídolo do esporte. Não era um magnata dos negócios e vocês nunca viram o nome dele no jornal. Mas ele foi um dos melhores homens que já conheci. Esse homem era o meu pai.

Ele nunca esteve interessado em receber créditos ou honrarias. Fazia coisas banais, como pagar as contas em dia, ir à igreja aos domingos e ser diretor da Associação de Pais e Professores. Ajudava os filhos com o dever de casa e levava a mulher para fazer compras nas noites de quinta-feira. Achava o máximo levar seus filhos adolescentes e os amigos deles aos jogos de futebol.

Esta é a minha primeira noite sem meu pai. Não sei o que fazer. Hoje me arrependo pelas vezes em que fui impaciente com ele, dei respostas malcriadas ou não tomei conhecimento do que ele dizia. Mas estou agradecido por muitas outras coisas.

Estou agradecido por Deus ter me deixado ficar com meu pai por quinze anos. E fico feliz por ter podido dizer a ele o quanto o amava. Esse homem maravilhoso morreu com um sorriso no rosto e com o coração realizado. Ele sabia que era um grande sucesso como marido, como pai, como irmão, filho e amigo. Eu me pergunto quantos milionários podem afirmar isso.

Autor desconhecido

Brincar também é importante

Perdoai-me, Senhor, por todas as tarefas que hoje ficaram por fazer. Mas, de manhã, quando meu filho, com seus passinhos incertos, entrou no quarto e pediu: "Mamãe, quer brincar comigo?", eu simplesmente tive de dizer sim.

E entre os quebra-cabeças e caminhões, cubos de madeira e bonecos, velhos chapéus, livros e risadas, dividimos mil pensamentos especiais, centenas de esperanças, sonhos e muitos abraços. E quando à noite, na hora de rezar, ele juntou as mãozinhas e falou baixinho: "Obrigado, Deus, por mamãe e papai, pelos meus brinquedos, pelo cachorro-quente, pelo sorvete de chocolate e por mamãe brincar comigo", eu sabia que tinha sido um dia bem proveitoso.

E tinha certeza de que o Senhor entenderia.

JAYNE JANDON FERRER

A boneca quebrada

Eis como uma amiga me contou a história passada com sua filha.

Preocupada com sua demora em chegar da escola, eu estava aborrecida quando ela finalmente apareceu. Com a voz zangada, pedi que explicasse a razão do atraso.

– Mamãe, eu estava vindo a pé com Julie quando, no meio do caminho, ela deixou cair a boneca, que se partiu em mil pedaços – ela disse.

– Ah, meu bem, você se atrasou porque foi ajudar Julie a tentar colar os pedaços da boneca – respondi.

Com sua vozinha inocente, minha filha disse:

– Não, mamãe, eu não sabia como consertar a boneca. Só fiquei lá para ajudar Julie a chorar.

DAN CLARCK

Tomando fôlego

Trabalhar fora pode ser duro, mas ter um emprego e criar filhos pode ser pior ainda.

Existe uma história sobre a mãe de três garotos levados que, numa noite de verão, brincavam de polícia-e-ladrão no quintal de casa.

Um dos meninos "atirou" na mãe e gritou:

– Bangue! Matei você!

Ela desabou no chão e, como não voltou a se levantar, um vizinho veio correndo para ver se ela se machucara ao cair.

Quando o vizinho se ajoelhou ao lado dela, a mãe, sobrecarregada de trabalho, abriu um olho e disse:

– Psiiiu! Não me entregue. É a minha única chance de descansar.

THE BEST OF BITS & PIECES

Privação dos sentidos

Não somos ricos pelo que temos,
mas sim pelo que não precisamos ter.
EMMANUEL KANT

Quero sair para dançar, usar um vestido que rodopie e flutue em volta de mim e rir.

Quero sentir a luz trêmula da seda enquanto ela escorrega pelos meus braços e pelo meu corpo, a alegria de tocar com os dedos sua maciez.

Quero dormir na minha própria cama, regalar-me na frescura dos lençóis limpos e descansar minha cabeça em meu travesseiro macio. E ir dormir quando quiser, com todas as luzes apagadas, e acordar quando estiver pronta.

Quero me esticar em meu sofá debaixo da minha manta de lã azul e ouvir minha música favorita escoar dos alto-falantes para dentro do meu ser, regando a paisagem ressequida da minha alma.

Quero sentar-me na varanda, bebericar café quente de minha caneca de faiança, ler o jornal e ouvir o cachorro latir para as folhas que caem ou para esquilos invasores.

Quero atender o telefone e ligar para os meus amigos e família e conversar até termos colocado em dia todas as palavras que guardamos um para o outro, e rir.

Quero ouvir o trem apitar através de Loveland, o cascalho sendo esmagado na porta da garagem e portas de carros batendo quando os amigos vêm nos visitar. E o tilintar e tinir dos talheres contra a louça, o chiado e o gorgolejo da máquina de fazer café.

Quero sentir meus pés descalços na brancura fria do chão da minha cozinha e na maciez azul do tapete do meu quarto.

Quero ver as cores, todas elas, cada cor jamais fiada na existência. E branco, branco de verdade, puro e imaculado. E alqueires de árvores verdes e quilômetros de estradas com fitas amarelas e centenas de metros de luzes de Natal. E a Lua.

Quero sentir o cheiro de bacon fritando, um filé grelhando. Jantar de Ação de Graças e a plantação de tomates de meu pai. E roupa recém-lavada, asfalto novo em um estacionamento. E o oceano.

Porém, mais do que tudo isso, quero ficar de pé na porta do quarto do meu filho e vê-lo dormindo. Ouvi-lo acordar pela manhã e vê-lo voltar para casa à noite. Tocar seu rosto e passar meus dedos por seus cabelos. Pegar uma carona em seu caminhão e comer seus sanduíches de queijo quente.

E vê-lo crescer, rir, brincar, comer, dirigir e viver. Acima de tudo, de tudo, viver. E passar meus braços à sua volta e segurá-lo até ele rir e dizer:

– Já chega, mamãe!

E então ser livre para fazer tudo de novo.

Deborah E. Hill

Para se lembrar de mim

Chegará o dia em que meu corpo estará inerte sobre um lençol, num hospital. Num certo momento, um médico determinará que meu cérebro parou de funcionar e que, para todos os propósitos e finalidades, minha vida acabou.

Quando isso acontecer, não tente prolongar minha vida artificialmente através de uma máquina. E não chame minha cama de leito de morte. Chame-a de leito de vida e faça com que meu corpo sirva para que outros tenham vidas mais plenas.

Dê minha visão para o homem que nunca viu o nascer do sol, o rosto de um bebê ou amor nos olhos de uma mulher. Dê meu coração para uma pessoa cujo próprio coração tornou-se insuficiente para expressar o amor que o habita. Dê meus pulmões para alguém que precisa do oxigênio para realizar seus sonhos e traduzir em ações seu idealismo. Dê meus rins para aquela mulher que depende de uma máquina para existir e que deseja tão ardentemente envelhecer ao lado do marido amado. Dê meu fígado para aquele homem que precisa ficar vivo e recuperar a energia com que sempre lutou pelas causas mais nobres. Pegue meus ossos, cada músculo, cada fibra e nervo do meu corpo e encontre uma maneira de fazer uma criança aleijada andar.

Faça com que explorem cada canto do meu cérebro. Pegue minhas células, se necessário, e deixe que cresçam para que se multipliquem, transformando em vida e esperança o sofrimento e desamparo dos seres humanos.

Queime o que sobrar de mim e espalhe as cinzas pelos ventos para ajudar as flores a crescerem.

Se houver alguma coisa para enterrar, que sejam as palavras ásperas que eu disse, os gestos solidários que não fiz, os preconceitos que externei.

Se você, minha amada, quiser se lembrar de mim, faça um gesto de carinho, diga uma palavra de estímulo, acolha o sofrimento de alguém que precisa de você. Se você realizar tudo o que eu pedi, viverei para sempre.

ROBERT N. TEST,
sob a supervisão de Ken Knowles

O que é o sucesso?

O que é o sucesso?
Rir sempre e muito.
Ganhar o respeito de pessoas inteligentes
e a afeição das crianças.
Ganhar a apreciação de críticos honestos
e suportar a traição dos falsos amigos.
Apreciar a beleza.
Encontrar o melhor nos outros.
Deixar o mundo um pouco melhor, seja
com uma criança saudável, um pequeno
jardim
ou uma condição social redimida.
Saber que pelo menos uma vida respirou
com mais facilidade porque você viveu.
Isso é ter sucesso.

RALPH WALDO EMERSON

Bem-vinda à Holanda

Quando me pedem para falar sobre a educação de crianças especiais – visando ajudar aos pais que enfrentam, pela primeira vez, essa situação, a comparação que sempre me ocorre é a seguinte:

Esperar um bebê é como planejar a fantástica viagem de férias com que você sempre sonhou – para a Itália. Você compra um monte de guias e faz planos maravilhosos. O Coliseu. O *David* de Michelangelo. As gôndolas, em Veneza. Você pode aprender frases úteis em italiano. Tudo é uma festa.

Depois de meses de expectativa, finalmente chega o dia da viagem. Malas prontas, você entra no avião e, algumas horas depois, a aeromoça vem e diz: "Bem-vinda à Holanda."

"Holanda?! Como assim, Holanda?", você se

espanta. "Meu vôo era para a Itália. Sonhei a vida inteira em ir para a Itália."

Mas houve uma mudança no plano de vôo. Aterrissaram na Holanda e este é seu destino agora.

O importante é que não levaram você a um lugar horrível, desagradável e sujo, cheio de epidemias, fome e doença. É só um lugar diferente.

Então você tem de sair e comprar novos guias. E aprender uma língua nova. E conhecer pessoas que nunca teria conhecido. É só um lugar diferente. O ritmo é mais lento que o da Itália; a luz, menos brilhante. Mas, depois de estar lá por algum tempo, você toma fôlego, olha em volta... e começa a notar que a Holanda tem moinhos... e a Holanda tem tulipas. A Holanda tem até Rembrandts.

Mas todo mundo que você conhece foi e voltou da Itália contando maravilhas do tempo passado lá. Pelo resto da vida você dirá: "É, era para lá que eu deveria ter ido. Era isso que eu tinha planejado."

E a dor do seu coração nunca, nunca mesmo, irá embora completamente... porque, afinal, a perda desse sonho é muito significativa.

Mas, se você passar a vida lamentando o fato de não ter ido à Itália, talvez não possa descobrir e aproveitar o que existe de tão especial e todas as coisas adoráveis que há na Holanda.

Emily Perl Kingsley

O vôo dos gansos

Ontem observei uma enorme revoada de gansos batendo asas em direção ao sul com um pôr-do-sol panorâmico que coloria todo o céu durante alguns momentos. Vi-os enquanto me apoiava contra a estátua do leão em frente ao Instituto de Artes de Chicago, onde eu estava observando as pessoas que faziam compras de Natal andando apressadas pela Avenida Michigan. Quando baixei o olhar, percebi que uma mendiga, parada a alguns metros de distância, também estivera observando os gansos. Nossos olhos se encontraram e sorrimos – reconhecendo silenciosamente o fato de que havíamos partilhado uma visão magnífica, um símbolo do misterioso esforço de sobrevivência. Ouvi a senhora falar para si mesma enquanto se afastava desajeitadamente. Suas palavras, "Deus me estraga com mimos", eram espantosas.

Será que a senhora, essa pária das ruas, estaria brincando? Não. Acredito que a visão dos gansos tenha quebrado, mesmo que por um breve momento, a dura realidade de sua própria luta. Percebi mais tarde que momentos como aquele a mantinham viva: era a forma através da qual ela sobrevivia à indignidade das ruas. Seu sorriso era real.

A visão dos gansos era o seu presente de Natal. Era a prova de que Deus existia. Era tudo de que ela precisava.

Eu a invejo.

FRED LLOYD COCHRAN

Conheça mais sobre a série

Esta premiada coleção já vendeu mais de 70 milhões de exemplares no mundo inteiro. No Brasil, já foram publicados os seguintes títulos: *Histórias para Aquecer o Coração, Histórias para Aquecer o Coração 2, Histórias para Aquecer o Coração das Mães, Histórias para Aquecer o Coração dos Adolescentes, Histórias para Aquecer o Coração das Pais* e *Histórias para Aquecer o Coração dos Mulheres.*

Jack Canfield
Mark Victor Hansen
Jennifer Read Hawthorne
Marci Shimoff
Histórias para Aquecer o Coração das Mães
SEXTANTE

Jack Canfield
Mark Victor Hansen
Kimberly Kirberger
Histórias para Aquecer o Coração dos Adolescentes
SEXTANTE

Jack Canfield
Mark Victor Hansen
Jeff Aubery
Mark & Chrissy Donnelly
Histórias para Aquecer o Coração dos Pais
SEXTANTE

Jack Canfield
Mark Victor Hansen
Jennifer Read Hawthorne
Marci Shimoff
Histórias para Aquecer o Coração das Mulheres
SEXTANTE

Conheça outros títulos da Editora Sextante

Rose Marie Muraro

Amor de "A" a "Z"

Quem sofre quer se transformar para fugir de seu sofrimento. Mas quem está feliz, quem vive o prazer ou o êxtase, quer que tudo permaneça como está.

Os momentos de sofrimento fazem o tempo parecer mais longo, mas os momentos de êxtase estão fora do tempo, estão na eternidade.

Este livrinho só quer mergulhar com você em alguns momentos de eternidade.

Ernie J. Zelinski

Levando a Vida Numa Boa

A felicidade requer trabalho, mas não um trabalho intenso, como acredita a maioria das pessoas. A felicidade requer que se preste atenção à vida. Por isso, todos deveríamos ter um pequeno livro como este para ser consultado de tempos em tempos.

Conheça os 25 livros mais vendidos da Sextante

- *Muitas Vidas, Muitos Mestres*, *Só o Amor É Real* e *Meditando com Brian Weiss*, de Brian Weiss
- *Conversando com os Espíritos* e *Em Busca da Espiritualidade*, de James Van Praagh
- *A Última Grande Lição*, de Mitch Albom
- *Enquanto o Amor Não Vem*, de Iyanla Vanzant
- *A Oração* de *São Francisco*, de Leonardo Boff
- *O Ócio Criativo*, de Domenico De Masi
- *Mantenha o Seu Cérebro Vivo*, de Katz e Rubin
- *Por que os Homens Fazem Sexo e as Mulheres Fazem Amor?*, de Allan e Barbara Pease
- *Uma Ética para o Novo Milênio* e *Palavras de Sabedoria*, do Dalai-Lama
- *Histórias para Aquecer o Coração*, de Mark Victor Hansen e Jack Canfield
- *100 Segredos das Pessoas Felizes* e *100 Segredos das Pessoas de Sucesso*, de David Niven
- *Aprendendo a Gostar de Si Mesmo*, de Louise Hay
- *Um Dia "Daqueles"*, *Querida Mamãe* e *O Sentido da Vida*, de Bradley Trevor Greive
- *Você É Insubstituível* e *Dez Leis para Ser Feliz*, de Augusto Cury
- *A Vida É Bela*, de Dominique Glocheux
- *Faça o que Tem de Ser Feito*, de Bob Nelson
- *Não Leve a Vida Tão a Sério*, de Hugh Prather

Informações sobre os próximos lançamentos

Para receber informações sobre os próximos lançamentos da Editora Sextante, queira entrar em contato com nossa Central de Atendimento, dando seu nome, endereço e telefone para:

Editora Sextante
Rua Voluntários da Pátria, 45 – Gr. 1.404 – Botafogo
22270-000 – Rio de Janeiro – RJ
Tel.: (21) 2286-9944 – Fax: (21) 2286-9244
DDG: 0800-22-6306 (ligação gratuita)
E-mail: atendimento@esextante.com.br

Para saber mais sobre nossos títulos e autores, e enviar seus comentários sobre este livro, visite o nosso site:

www.sextante.com.br

Esse livro foi impresso em papel Chamois Bulk Alta Performance Dunas 90g/m² da Ripasa S/A Celulose e Papel produzido a partir de floresta plantada de eucalipto.